AF401917

DU SACRILÉGE

ET

DES JÉSUITES.

PAR ISIDORE LEBRUN.

> Dieu n'a pas fait la mort, et il ne
> veut pas l'extermination.
> (*Mandement de M. l'archevêque de Paris.*)
> Quel est l'état qui pourrait souf-
> frir les *jésuites*, qui y répandent la
> haine et le trouble?
> (*Ukase de l'empereur des Russies.*)

PARIS,

DELAUNAY, Libraire, Palais-Royal, galerie de Bois.
CHARLES-BÉCHET, Libraire-commissionnaire,
Quai des Augustins, nᵒ 47.

1825.

OUVRAGE DU MÊME AUTEUR.

L'ÉMIGRATION INDEMNISÉE

PAR L'ANCIEN RÉGIME,

ET DEPUIS LA RESTAURATION.

DEUXIÈME ÉDITION, 1 vol. in-8°. PRIX 3 fr.

Le passé interrogé sur les matières religieuses, montre le fanatisme uni avec la tirannie. Ce ne sont que législations attroces, que crimes juridiques. Partout des tortures, des haches, des bûchers.

Et quoi! toujours du sang et toujours des supplices!

L'avenir tel qu'on veut le faire, nous indique à son tour la superstition enhardie par l'impunité à reprendre ses pratiques sacrilèges. Déjà le jésuitisme, avide de vengeance et de pouvoir, demande ici des immolations, là il se prépare à outrager la religion en corrompant la morale.

On refuse de profiter du présent; on méconnaît la raison publique. Que faudrait-il pour céler l'alliance de la religion et de la philosophie? Leurs discussions ont cessé, et il serait si facile de faire aimer à notre génération, pure des excès révolutionnaires, les maximes de l'Évangile! Mais des intérêts humains prétendent exploiter le christianisme, et ils produisent une législation sur le sacrilège.

« N'est-il pas bien permis, que dis-je, bien nécessaire d'avertir les hommes qu'ils doivent ménager le sang des hommes? » (Voltaire) Et la loi proposée arme la justice de la hache, emprunte à l'inquisition le luxe des supplices : ses définitions mêmes vagues, obscures, se prêtent à l'arbitraire et préparent des châtimens cruels.

Examiner cette loi avec l'enseignement du passé, appliquer à chacune de ses dispositions des faits incontestables, historiques ou récens, demander par d'autres faits à ces dispositions si elles les ont prévus, démontrer par la diversité de ces faits la compréhension d'articles dont le danger est déguisé, telle est la méthode qu'on s'est proposé de suivre.

Elle nous a déjà guidé dans la composition de notre dernier ouvrage : l'Émigration indemnisée par l'ancien régime et depuis la restauration. La deuxième édition qui vient de paraître, nous a distrait de nos recherches sur le sacrilège ; mais le temps ne nous permet même pas de profiter de tous les matériaux que nous avions recueillis. Avec quelle rapidité aussi les projets de loi passent, s'accumulent. La société est tourmentée. L'émigration exige et reçoit des indemnités : le jésuitisme veut des échafauds pour se grandir.

DU SACRILÉGE

ET

DES JÉSUITES.

CHAPITRE PREMIER.

Consécration.

Il faut faire honorer la Divinité, a dit Montes-
quieu, et ne la venger jamais. L'antiquité n'eût
pu admettre avec le polythéisme le déicide. Comme
les erreurs les plus funestes à l'humanité, le déicide est né des schismes qui ont désolé l'Eglise.
Ainsi, pour justifier l'attentat d'un prince contre
son propre sang, on établit l'abominable doctrine
du tyrannicide, appuyée sur douze raisons en
l'honneur des douze Apôtres.

Lorsque le christianisme triomphe de l'idolâ-
trie, il s'élève sur les débris de la puissance ro-
maine : les hérésies pullulent. Les Grecs du Bas-
Empire refusent les secours que leur offrent les
Italiens; ils accusent de sacrilége l'Eglise ro-
maine, parce que ses prêtres se servent de pain
azyme et d'eau froide en place d'eau chaude.

Un peu de levain dans le pain, de l'eau tiède pour les ablutions, et les Turcs peut-être ne s'établissent pas en Europe : le croissant ne remplace pas la croix sur les tours de Sainte-Sophie. C'est à l'époque de la plus grande corruption que Luther et Calvin paraissent : la réforme, politique autant que religieuse, couvre l'Europe de ruines et de sang, mais elle fait faire à l'esprit humain des progrès immenses. La dispute sur la grâce efficace signale le déclin de la grandeur de Louis **XIV**, et le règne suivant qui est l'agonie de la monarchie. Cependant la raison se fortifie, les préjugés et l'intolérance sont vaincus : la révolution livre à la France toute l'Europe. Mais la nation est-elle déchue de sa puissance, renfermée dans d'étroites frontières, imposée à l'indemnité, on discute le mystère de la *déification.*

« C'est encore une question indécise entre les pontifes catholiques, de savoir si la consécration est opérée par l'offertoire ou par les paroles *ceci,* etc. Néanmoins, d'après le projet de loi, si la violation est commise à l'autel, entre l'offertoire et la consécration, ce seront les avocats, les juges et jurés qui trancheront décemment, nécessairement, la controverse des théologiens, et qui, de leur pleine science, empêcheront ou feront infliger l'affreux supplice trop réel d'un déicide interprétatif et mystique. » (*M. Lanjuinais, Disc. sur le Sacrilége.*).

On sait, dans les sacristies, que beaucoup de

curés, surtout des campagnes, renferment dans
les vases sacrés les hosties qu'ils doivent consacrer
à fur et mesure, et qu'il peut s'en trouver d'ou-
-bliées dans les chapelles des couvens, ou dans
celles des pélerinages fréquentés seulement quelques jours de l'année.

L'abbé Thiers rapporte que Maurice, évêque
de Paris, ayant été frappé de paralysie, demanda
instamment le viatique. On doutait qu'il pût ava-
ler l'hostie, et on lui en apporta une qui n'était
pas consacrée. Il s'aperçut qu'on le trompait ;
enfin il fut véritablement communié.

Vers 1727, une troupe de jésuites ne cessèrent,
durant une mission qu'ils faisaient dans la Touraine,
d'anathématiser les *appelans* (les jansénistes).
Le jour de la Fête-Dieu, tandis que ces ignaciens
étaient au confessional, un chanoine *réappelant*
consacra l'hostie qui devait être mise dans l'ostensoir. Ils en furent informés par leurs pénitens,
et ils parvinrent à substituer une autre hostie à
celle du chanoine.

Il fallait des hosties *préparées, choisies* pour
la communion des princes et princesses royales.
« Madame la Dauphine, raconte Dangeau, fit ses
pâques à la paroisse : il y eut deux consécrations,
parce qu'on avait oublié d'abord de présenter
l'hostie choisie pour la communion de madame la
Dauphine. »

M. de P**, gentilhomme breton, vers la fin du
dernier siècle, ne communiait qu'avec des hosties

portant l'empreinte de ses armes. Ne pourrait-on pas employer un moyen analogue ? Les messes sont enregistrées avec beaucoup de soin : serait-il moins aisé de porter sur un autre livre le nombre d'hosties consacrées qui seraient chaque jour dans le tabernacle ?

On doit s'abstenir d'approfondir même la question légale de la consécration. L'homme religieux s'afflige de ce qu'elle traduit un mystère devant l'opinion publique. Qu'on annonce que dans une contrée des hosties aient été épandues, chacun disserte sur cette nouvelle. Est-il constant qu'elles fussent consacrées ? Les prêtres, ajouterait-on, sont sujets aux infirmités humaines : ils sont pécheurs aussi. Et un fait qui transporte d'indignation les dévots, provoque des critiques et des plaisanteries parmi les mondains. On raconte des anecdotes, et elles ne manquent pas.

Toute présomption légale est une fiction de l'homme, une possibilité mis à la place de la vérité; et c'est par des faits réels que les jurés doivent acquérir la *conviction intime* que la loi et la société leur demandent. [Discuteront-ils le mystère impénétrable même pour les ministres des autels ? agiteront-ils les questions théologiques ? Appelés à juger un sacrilége, ne tomberont-ils point dans l'hérésie ? Et l'accusation, armée de la *preuve légale*, attend leur décision affirmative, pour envoyer un homme *devant son juge naturel*, suivant l'expression si singulière de M. Bonnald,

dont le discours en faveur de la loi du sacrilége
est lui-même si peu orthodoxe.

Des ruines attestent partout les guerres qui en-
sanglantèrent notre sol, à cause de la consécration. Lorsque des jours de paix semblaient avoir
succédé aux discordes religieuses, ce fut principalement par les accusations de sacrilége, des procès pour profanation, que le clergé et le gouvernement préludèrent à la révocation de l'édit de
Nantes. Filleau en a recueilli des preuves innom-
brables dans un *in-folio*, intitulé *Décisions ecclésiastiques*, qu'il fit approuver par l'assemblée du
clergé, et qu'il dédia au ministre. M. Le Tellier,
magistrat à Poitiers, cet écrivain fanatique et ambitieux devint conseiller d'état. N'existe-t-il plus
de Filleau? Les déclamations dont on étayerait la
preuve légale de la consécration, irriteraient les
esprits : quels horribles résultats pourrait avoir un
semblable procès dans plusieurs départemens?

CHAPITRE II.

Vases sacrés.

Le Dieu du Capitole habita des chaumières.
(Delille, *poeme de l'Imagination.*)
Jupiter au bon temps du roi Tulle
Était de bois; il fut d'or sous Lucullo
(Voltaire, *Défense du Mondain.*)

Le vol des vases consacrés aux cultes, date de
l'époque où les temples devinrent somptueux.

Pour les prêtres du paganisme, ces vases n'étaient pas seulement des ustensiles et des ornemens ; ils s'en servaient pour provoquer les offrandes, et rehausser la puissance de leurs oracles. Sans les trésors amoncelés à Delphes, le temple d'Apollon n'eût pas été pillé par les Gaulois. Cependant les Athéniens apportaient au trésor du temple de Minerve, les sommes d'argent qu'ils n'osaient pas garder chez eux : ces dépôts leur étaient rendus.

On ne trouve point cet usage parmi les chrétiens. Le bois aussi fut façonné par eux, en coupes pour les calices, en tables et en cresselles pour appeler les fidèles aux offices : la chaise de bois de saint Pierre est conservée à Rome, enchâssée dans une chaise d'argent. Dès que nos églises possédèrent des vases d'or et d'argent, les vols y devinrent fréquens. Les moines ne profitèrent pas seuls des donations qu'ils se faisaient faire ; souvent ils eurent à s'affliger de la vogue des miracles qui attiraient la foule dans leurs monastères. L'abbaye de Saint-Denis se vit enlever ses trésors et même son saint. Du moins les papes Innocent III et Léon IX, arbitres d'un grand procès, prononcèrent, l'un que le vrai corps de saint Denis était à Rome, l'autre qu'il se trouvait à Ratisbonne, et les moines de cette dernière ville avouaient que l'un d'eux l'avait volé à ses confrères de France.

Au reste, sans les richesses des couvens et des églises, les Normands n'eussent pas répété leurs invasions en France ; ils ne se fussent pas établis dans la Neustrie, l'Angleterre ne fut pas devenue leur conquête, ils n'eussent pas fondé le royaume de Naples, la Grèce et la Palestine ne proclameraient pas leur gloire. Ainsi l'on prouverait facilement que les grands de la féodalité accrurent leurs biens, par le pillage des trésors des églises; comme il est incontestable qu'une partie de notre monnaie nouvelle provient des vases, et des châsses qui ont été fondues. Telle duchesse et telle actrice ajoutent à leurs charmes l'éclat de diamans qui ont appartenu à des couronnes de saintes.

Louvois indiqua à Louis XIV, en 1690, la cause des vols d'église. « Plusieurs sacriléges, dit-il, arrivent dans les églises, par l'espérance qu'ont les voleurs qui y entrent, d'y pouvoir trouver l'argenterie. » Le trésor était épuisé par les dépenses de la guerre et de la construction de Versailles. Le roi saisit pour le remplir l'expédient que lui suggérait son ministre; il écrivit aux évêques : « Il y a beaucoup d'argenterie inutile dans les églises qui, étant remise dans le commerce, apporterait un grand avantage à mes sujets : ce que vous ferez en cela me sera très-agréable, et fort utile au bien de mon état (1). »

Mais les fabriques et confréries, les hôpitaux, qui étaient fort endettés, gardèrent leur argenterie; et les églises s'enrichirent de plus en plus

______

(1) Rec. de lett. pour l'hist. milit. du régne de Louis XIV, tom. vi, p. 387 et suiv.

de vases et de statues d'or et d'argent. Pendant la disette de 1725, on ordonnait des quêtes, on prêchait sur l'aumône dans les temples resplendissans de dorures. Le peuple priait, se révoltait, pillait les halles et priait encore. Le clergé et les magistrats arrangeaient des processions solennelles ; et les populations affamées se prosternaient devant des châsses qui, comme celle de sainte Genviève, étincelaient de pierreries.

La châsse de saint Germain était composée de vingt-sept marcs d'or et de deux cent cinquante marcs d'argent. Celle de sainte Geneviève ne contenait que huit marcs d'or et cent quatre-vingt-douze marcs d'argent. Mais la piété de nos rois l'avait couverte de pierreries : sa magnifique couronne de diamans était un présent de Marie de Médicis. Les dépouilles de l'abbaye de Saint-Denis consistant en objets d'or et d'argent, furent apportées à Paris en 1793 sur dix-huit charettes.

Les vases d'église sont des objets matériels, façonnés par l'art : leur consécration est un fait et une cérémonie. Des réglemens préviennent l'alliage et la contrefaçon des matières d'or et d'argent; il semble que les vases prêts à être consacrés, pourraient aussi porter une empreinte dont le poinçon resterait en dépôt dans chaque évêché. Car les vases sacrés rentrent dans le commerce, soit par vente de prêtre à prêtre, soit par l'effet des successions. Ou bien des familles gardent ces vases : il en est aussi qui sont restés chez des particuliers depuis que les églises ont été rouvertes. Un vol sacrilége est commis dans une commune : la justice fait des perquisitions : combien d'individus innocens qui peuvent ainsi être inquiétés?

La profanation de la coupe d'un calice est plus grave sans doute que celle de sa base qui se détache. De simples prêtres possèdent à présent des calices de 1000 francs; et les cizelures qui ornent cette base lui donnent une grande valeur. Les ostensoirs ont une et deux pièces d'ajoutage. Si elles sont également sacrées, elles reposent dans le tabernacle et au-dessus. L'art aussi s'applique à enrichir et à orner les tabernacles. Mais enlever le contenant, c'est un vol simple; le contenu, c'est le vol sacrilége.

· *Une voie de fait* commise sur le corporal ne sera point une profanation, quoiqu'il reçoive l'hostie bien plus que la patène. L'Académie française apprend par son dictionnaire, qu'on lave, qu'on empèse les corporaux; mais les vases métalliques ont besoin d'être nétoyés et ressoudés. Il est une espèce de patène que le ministre Louvois désigne par *l'instrument à donner la paix*. Il semble qu'on ait considéré principalement la matière plus ou moins précieuse des vases sacrés : et le voleur est induit à faire des distinctions. Heureusement on ne s'est pas souvenu qu'autrefois la profanation des fonds baptismaux était punie de la mutilation et du feu; mais le couvercle du ciboire a été plus prisé que la pale et la pierre sacrée.

Les cloches sont baptisées, consacrées. Des conciles ont décidé qu'elles invitent les anges à assister aux offices, pourquoi saint Paul dit qu'il faut que les femmes soient voilées dans l'église, à cause des anges; aussi que les cloches chassent les démons qui sont dans l'air. Malgré les progrès de la physique dans le xviiie siècle, les prières du baptême leur reconnaissaient encore la vertu de dissiper les tonnerres et les orages, et de cette manière de conserver les fruits de la terre. Un pieux écrivain de ce temps-là a fait une application allégorique des cloches aux prêtres, qui sont suspendus spirituellement entre le ciel et la terre. Mais le parlement de Paris, par arrêt de 1603, décida qu'un fondeur de cloches peut les faire dépendre quand le prix ne lui en a pas été payé.

CHAPITRE III.

De la Profanation.

Une distinction essentielle doit être faite entre la profanation et le sacrilége. La profanation publique est aussi une voie de fait; la volonté du profanateur, par superstition ou par esprit de secte, est plus libre que celle du voleur tourmenté par la faim; et ni l'un ni l'autre n'agit réellement par haine ou mépris de la religion.

La France est menacée de la plus terrible des
calamités, des disputes religieuses qui, dans le
siècle précédent, firent commettre toutes les es-
pèces de profanations. Il importe peu aux jésuites
que l'Eglise en soit désolée. Déjà ils raniment les
discussions, ils jettent à l'opinion publique, qui
n'eut jamais plus d'activité, des questions en apparence peu importantes; mais ils savent qu'elles
doivent la provoquer à des investigations, l'engager dans des débats animés, la livrer à la dis-
corde : c'est ce moment qu'ils attendent avec im-
patience. Leur fallût-il alors des sacriléges,
quelque événement qui portât la terreur dans les
esprits? ils les produiraient pour restaurer leur
molinisme. Le jubilé même s'annonce avec l'apparence des divisions qui troublèrent la société à
l'époque du jubilé de 1725; et ces divisions n'é-
clatent pas seulement en France, on les remarque
aussi en Suisse, en Allemagne.

Mais l'amour de l'indépendance nationale vit
dans les cœurs, et l'ultramontanisme est connu et
jugé. L'opposition si éloquente, si courageuse des
parlemens anime la nation, et c'est la Charte cons-
titutionnelle, et non la grâce efficace, qu'invoque
cette opposition. Des pratiques superstitieuses,
qui étaient des profanations réelles, ont répandu
sur le jansénisme toutes les préventions; mais son
esprit, au lieu de sa doctrine, inspire, comme à
leur insçu, tous les ennemis du jésuitisme. Pairs,
et députés constitutionnels, journalistes de l'op-

position, tous sont duement atteints et convaincus de jansénisme. S'ils se vouent ainsi à la haine de Montrouge, ils doivent devenir plus chers à la nation et au trône, dont leurs adversaires n'ont pas cessé d'être les ennemis.

Il ne faut que voir pour s'apercevoir du retour de *l'affaire des billets de confession*. Beaumont, archevêque de Paris, et les jésuites, l'avaient montée contre les prêtres jansénistes : les peines encourues par les fidèles qui ne produisaient pas des billets signés par des confesseurs molinistes, consistaient dans l'invalidité des absolutions, l'inefficacité des sacremens, enfin, la damnation éternelle. Maintenant, le moyen d'entrer, de s'avancer ou de se maintenir dans les emplois publics, est de produire des certificats de confession, de s'affilier à des congrégations : tout le monde connaît les cartes numérotées de Sainte-Geneviève.

C'était le xviiie siècle qu'on eût dû considérer. Alors des fidèles couraient du sanctuaire chez les huissiers pour assigner leurs curés, ou bien ils disputaient contradictoirement avec les prêtres qui, tenant les hosties entre leurs doigts, exigeaient, pour les communier, des billets écrits par des prêtres bien pensans. Ce n'étaient que libelles, que sermons contre les *hérétiques*, les *schismatiques*. Les femmes, disaient des curés dans la chaire, sont des Èves qui perdent tout par leur subtilité : c'est par elles que les hérésies se sont perpétuées. On se haïssait jusqu'au pied des autels; on se provoquait à toutes les profanations; souvent le peuple, indigné du refus de sépulture fait à des particuliers, enfonçait les portes des églises, sonnait les cloches, allumait les cierges; les parlemens condamnaient des mandemens de prélats qui autorisaient le refus des sacremens. Un grand-vicaire de Langres, en 1753, eut ses meubles vendus par ordre du présidial, pour qu'il donnât la communion. Des portes-Dieu furent décrétés par le Châtelet de Paris, pour refus opiniâtre, au chevet du lit des mourans, de leur administrer le viatique.

Il existe plus de trente volumes sur cette seule matière. La Charte n'a pas été reçue avec plus de joie que Paris et les provinces firent éclater d'allégresse lorsque le parlement rendit son arrêt de 1752 : on en vendit cent trente-cinq mille exemplaires dans Paris, principalement aux portes du jardin des Tuileries. Mais cet arrêt n'eut d'effet contre le refus des sacremens que pendant quelques mois : les jésuites l'attaquèrent par leurs déclamations, et le paralysèrent par leurs intrigues. Enfin, désespérés des vues conciliatrices du gouvernement, ils armèrent l'infâme Damiens du poignard qui avait servi à Clément, Barrière, Châtel, Ravaillac. Cette société régicide fut chassée : tout à coup cessèrent les persécutions, les convulsions, les troubles, les profanations.

Mais le jésuitisme, comme le génie du mal, ne put jamais être anéanti. Il s'agita dans les ténèbres; si déchu de ses espérances de reparaître triomphant, il fut dispersé encore par le règne de la terreur, il se réjouit des mesures acerbes qu'il avait toutes inventées et mises en pratique, et il conçut l'espoir de succéder à ce régime dans un état menacé de dissolution. En vain, un décret du 3 messidor an XII ordonna la dispersion de l'aggrégation des adorateurs de Jésus, ou pacanaristes établis à Belley, Amiens, et dans plusieurs autres villes. Les jésuites se déguisèrent tantôt sous les noms de cordicoles, ou du sacré cœur de Jésus, tantôt sous celui de frères de la Croix, de pères de la Foi, de sulpiciens, de missionnaires ; maintenant c'est la congrégation. Le ministère annonce que depuis 1821, cinq cent dix-huit vols d'église ont été commis.

Les *qualificateurs* du Saint-Office n'habitent plus au-delà des Pyrénées ; ils trouveraient à leur gré dans un acte semblable à celui qui suit une *voie de fait*, une *profanation-sacrilége*, ou seulement un *trouble*. En 1723, des carmélites de Douai échauffées par des carmes déchaussés en faveur de l'infaillibilité papale, fermèrent leur église à une procession, au moment que le prêtre qui portait le saint-sacrement allait y entrer : il était appelant au futur concile de la constitution Unigénitus. L'évêque d'Arras réputa cet acte une injure faite à Jésus-Christ ; et il lança un mande-

(15)

ment pour ordonner qu'en expiation de ce *crime*, des *miserere*, etc., fussent chantés dans toutes les églises. Mais les jésuites et d'autres ultramontains travaillèrent les esprits : lorsque les chantres entonnèrent le psaume, le peuple se mit à chanter le *tatum ergo*. Ces chants hostiles ne permirent pas de continuer les offices.

On a parlé du cas d'incendie d'une église comme excusable de profanation : mais combien de *voies de fait* peuvent advenir dans le tumulte?. Rien d'ailleurs ne défend qu'on répète l'exemple suivant: l'ancien régime rentre dans l'état avec tous ses *us*. Un enfant, en 1718, se noya dans la Seine, non loin du pont de la Tournelle; après des recherches inutiles, on conseilla à la mère, simple blanchisseuse, d'attacher un cierge allumé sur un petit pain de Saint-Nicolas de Tolentin, et de l'abandonner dans un vase de bois au cours de la rivière. Le corps devait être où le cierge s'arrêterait. Il fut poussé contre un bateau chargé de foin, et y mit le feu. Aussitôt on détacha le bateau enflammé qui alla à la dérive. Il s'accrocha à une arche du petit pont qui était couvert de maisons. L'incendie éclate; le quartier de la rive gauche, l'Hôtel-Dieu, toute la cité sont exposés à être brûlés. Le tocin sonne, on transporte ailleurs les malades, des curés excitent les travailleurs par de l'argent, les capucins par leur exemple; mais les pompes mal en ordre rendent peu de service. Vingt maisons sont déjà consumées, lorsque le duc de Villars arrive sur les quais à la tête d'une partie de la garnison qui traîne une batterie de canons de petit calibre. Ce maréchal ne concevait pas d'autre moyen de couper le feu, que de tirer à boulet sur des maisons pour les abattre. Cet expédient, non moins dangereux que l'incendie, fut rejeté. On arrêta sur le pont, près la croix des capucins, un homme qui promettait de charmer le feu par son art magique. Mais de l'autre côté, à l'Hôtel-Dieu, l'archevêque de Paris avait exposé le saint-sacrement directement en face des maisons contre lesquelles Villars pointait son artillerie. Les vols furent très-considérables ; heureusement le feu ne pénétra pas dans l'Hôtel-Dieu, et l'ostensoir fut préservé du pillage.

CHAPITRE IV.

Sacrilége.

La loi a dit : *Sacrilége, haine ou mépris de la religion, preuve légale de la consécration, mutilation, amende honorable !* On doute encore que ces mots ayent pu être employés dans la législation française du xixe siècle. *Haine ou mépris de la religion ! !* L'impiété, l'athéisme sont-ils donc triomphans ? — Non. Une réforme menace-t-elle la religion catholique ? — Non. Notre époque a-t-elle produit un seul exemple de *sacrilége simple ?* — Non. Le ministère l'avoue lui-même. Les siècles passés en ont-ils fourni des exemples si fréquens, que la répétition en soit possible? Non. — Le rapporteur de la Chambre des Pairs en a cité quelques uns, mais qui ne sont pas des sacriléges *en haine.* On ne sait pourquoi M. de Breteuil n'a pas parlé aussi du sacrilége apocryphe qui servit de prétexte à Philippe-le-Bel, pour chasser de France les juifs, et du sacrilége également controuvé du suisse de la rue aux Ours.

Mais les abominables profanations des *confrères du cabinet* de Henri III, sont attestées par l'histoire. On ne peut nier les sacriléges horribles des prêtres de Louviers qui, sur l'autel, avec des hosties, se livraient avec des religieuses, au libertinage le plus infâme. On s'abstient de nommer ces prêtres qui célébrèrent la messe sur le corps nu de leurs maîtresses. Le jésuite Girard joignit aussi à l'inceste spirituel le sacrilége. Moins coupables étaient les prétendus sorciers de la Brie, qui furent brûlés en 1688 et 1691 : ils employaient des hosties consacrées dans leurs sortiléges.

En vain avons-nous cherché dans les arrêts des xvᵉ, xviᵉ et xviiᵉ siècle, d'autres exemples de sacrilége simple. Un seul a été cité en faveur de la loi, c'est celui du fanatique de 1670; encore a-t-on omis des considérations importantes. La plus grave est celle des mœurs de cette époque.

Malgré l'ordonnance sévère contre le duel, les

courtisans mettaient souvent l'épée à la main, et quelquefois c'était pour commettre des assassinats. L'ivrognerie était un des vices de la cour, et le principal de la bourgeoisie. Des princesses même s'énivraient et empruntaient pipes et tabac aux gardes suisses. *Sac à vin, sac à guenilles*, telles étaient les injures que s'adressaient la princesse de Conti et la duchesse de Chartres. Louis XIV menait souvent les dames, après diner, au spectacle de la curée. Les goûts belliqueux n'avaient pas encore abandonné les prélats. Le cardinal de Retz était un spadassin; l'abbé Vatteville, chartreux profès, tua son prieur, se réfugia en Turquie, s'y fit circoncire, devint pacha; ce qui ne l'empêcha pas ensuite d'être nommé par Louis XIV, à l'archevêché de Besançon, et d'obtenir en échange l'abbaye de la Baume. En 1704, un abbé Grandpré porta plusieurs coups d'épée, dans la rue, à son cousin-germain le marquis de Vervins. Le duc de la Ferté, le chevalier de Colbert et Tilladet, dans une partie de débauche, blessèrent de deux coups d'épée, un jeune garçon qui repoussait leur infâme proposition. Encore en 1720, le comte d'Horn, qui fut décapité pour avoir assassiné un riche agioteur, perça impunément de son épée, le corps d'un procureur, au moment de l'absoute, dans l'église Saint-Germain-l'Auxerrois. Enfin les ordonnances de police proscrivaient sans cesse, inutilement, le port d'épée et d'armes à feu.

(19)

Déjà, en 1670, l'édit de Nantes n'était plus observé strictement ; on préludait aux dragonnades par les conversions à prix d'argent. Louis XIV se glorifie dans ses œuvres de déni de justice envers les protestans justiciables de la chambre établie à Castres. C'est alors qu'un étudiant en médecine, âgé de vingt-deux ans, protestant, mais nouveau converti, assiste à la messe, à la chapelle de la Vierge, dans la cathédrale de Paris. Lorsque le prêtre fait l'élévation de l'hostie, ce frénétique le blesse de son épée, jette l'hostie et marche dessus. Le lendemain (4 août 1670) le *sacrilége impie* est condamné comme coupable de crime de *lèze majesté divine*. Mais quel juge à présent oserait faire subir à un prévenu le supplice le plus affreux, en ordonnant par son arrêt que l'instruction serait ensuite parfaite ? Plusieurs pièces manuscrites, déposées dans les bibliothèques du roi, démontrent que ce sacrilége fut commis par fureur.

La guerre de la succession fut féconde en sa‑criléges. Les troupes anglaises en commirent le moins. Ce furent les soldats de l'archiduc qui, dans la Castille, frottèrent leurs chevaux avec les saintes huiles, burent dans les vases sacrés, et foulèrent aux pieds des hosties. En 1709, d'autres soldats de la même nation massacrèrent en Italie un prêtre qui disait la messe, et ils mirent dans ses plaies les hosties trouvées dans le ciboire. Si ces crimes ou délits commis par une soldatesque effré‑

née ont été répétés de nos jours, le ciel seul en a tiré vengeance. Du moins on lit dans l'explication du catéchisme de l'empire français (part. 3, leç. 12e, 1808) « que des soldats français se trouvant dans une église, y firent venir du vin. L'un d'eux, qui manquait de vase pour boire, enfonça le tabernacle et prit le ciboire. Il n'eut pas plutôt jeté les hosties que le Seigneur se vengea en le frappant de mort; et le ciboire ne put lui être ôté des mains. »

M. de La Mennais, l'écrivain de la *congrégation*, a imputé naguère une profanation des hosties à des élèves du premier collége du royaume. Ce collége était le chef-lieu des jésuites; et ils travaillent partout à s'emparer de l'instruction publique. Il leur faut répandre de semblables accusations pour triompher, comme en 1730, lorsque Herault, lieutenant de police, faisait subir des examens sur la foi, expulsait de la maison de Sainte-Barbe les professeurs et les élèves, et qu'il menaçait de la prison les chefs d'institution qui les recevraient chez eux. Une enquête a prouvé que la dénonciation de M. de La Mennais était une calomnie.

Mais le fait est arrivé à Paris, dans l'abbaye Saint-Victor, en 1727. Une femme ayant reçu à la communion une hostie consacrée, la cacha sur elle. Voulait-elle s'en servir pour des sortiléges ? Savait-elle qu'autrefois les fidèles recevaient dans la main le pain *descendu des cieux*, et qu'ils l'emportaient chez eux, soit dans un linge, soit dans une corbeille, pour s'en communier? Ceux qui ont lu les livres ascétiques qualifieraient cette action de folie ou de superstition. Mais la nouvelle loi l'imputerait, sinon à la haine, au moins au mépris pour la religion : partant le crime de sacrilége, l'application de l'art. 6. Il y a un siècle, la pauvre femme ne fut pas même poursuivie par un procureur du roi. On ne vit pas non plus l'archevêque de Paris ordonner des prières, des jeûnes, des réparations : ce prélat était le vertueux cardinal de Noailles : il laissa aux moines à faire une procession du Saint-Sacrement dans leur église. Mais en 1822 une autre profanation a été commise dans le temple d'un village situé près du Mans; le clergé et les fonctionnaires publics s'y sont rendus en procession; M. l'évêque, pour ajouter plus d'éclat à cette cérémonie, marchait sans souliers, ayant une corde autour du col.

Si le ciel est courroucé des crimes de la terre, que de prières il faudrait lui adresser en expiation de jugemens, de supplices pour cause de sacrilége, et qui furent souvent moins des erreurs que des crimes juridiques! Combien aussi les cérémonies et les monumens expiatoires ont servi au fanatisme et fait commettre d'excès et de crimes à des multitudes furieuses? Des lampes ardentes, des plaques de métal perpétuaient le souvenir d'attentats sacriléges. Un arrêt rendu dans le XVIIe siècle et gravé ainsi dans une église,

porta trois maçons, en 1753, à commettre un
assassinat. Tel est le fanatisme, il poursuit ses
victimes dans tous les âges, s'immole des généra-
tions innocentes : monstre affreux dont nous ex-
périons être délivrés, mais que l'on réveille, avec
lequel on semble jouer sans redouter de rallumer
sa rage antropophage; déjà il rugit de joie à
l'aspect des échafauds qui lui promettent du sang
humain.

On ne sait si cet aveuglement, que les livres
saints désignent comme le signe des révolutions,
ne fond point déjà sur notre malheureuse France.
Elle était en proie, il y a un siècle, aux fureurs
religieuses : les fureurs politiques ont succédé :
les unes et les autres sont à peine apaisées : on
ravive des cendres chaudes encore. C'est avec la
hache, avec la menace de la mort qu'on veut protéger le prêtre qui va assister les mourans dans
le terrible passage. On nous déclare indignes de
sentir que cet acte est le plus vénérable de la religion. Impies, nous refusons, semble-t-on dire,
de joindre nos vœux derniers aux dernières prières
que recueilleront nos parens, nos amis, nos com-
patriotes. Fuyez au fond de vos demeures, fuyez,
vous qui, vous tenant dans une posture respec-
tueuse, refuseriez d'obéir à un bedeau brutal qui
vous commanderait de vous prosterner. Fuyez si
dans un chemin, dans une rue étroite, vous ren-
contrez le cortége; car que quelque obstacle ar-
rête sa marche, que la confusion se mêle parmi

ceux qui le composent, que le prêtre, infirme ou échauffé, laisse échapper de ses mains le ciboire, n'avez-vous rien à craindre?

Jusqu'à l'expulsion des jésuites, on vit dans les villes des prêtres échauffés, et le viatique en main, escortés d'un juge et de ses huissiers, qui se rendaient chez les mourans protestans convertis et autres, pour les contraindre à la communion : bientôt après, une populace fanatique se faisait un jeu cruel d'exécuter elle-même la déclaration qui venait de les condamner à la claye (*Rulhières*). Encore, en 1788, des prêtres demandaient l'émigration des protestans : cinq ans après, ces prêtres trouvèrent chez eux un refuge et des secours contre l'anarchie. Ainsi en 1718, le clergé d'une paroisse de Paris contraignit un chargé d'affaires d'Angleterre de déloger soudain, parce qu'il tenait un prêche dans son hôtel qui était situé près d'une église; mais Lokart, ambassadeur de la même nation , avait fait chasser de son hôtel un habitué de paroisse qui y avait apporté le viatique à un domestique malade. L'ambassadeur se plaignit au ministère de ce fait qu'il appelait une insulte, et le cardinal Mazarin lui fit des excuses.

Que d'amendes , que de condamnations la législation actuelle eût prononcées il y a un siècle, alors que le peuple de Lille, de la Rochelle , de beaucoup d'autres villes , huait et insultait dans les rues les curés *appelans* qui portaieut l'eucharistie! En 1755, les prêtres de Saint-Etienne-du-Mont avaient refusé les sacremens à un chevalier de Saint-Louis, janséniste; mais un conseiller au grand conseil les obligea de les apporter à une femme malade chez lui. Après la communion, le conseiller veut reconduire à l'église le saint-sacrement, mais les Portes Dieu ne sont pas plutôt dans la rue qu'ils fuyent à toutes jambes : le conseiller court aussi : il arrive trop tard, et la porte de l'église est fermée sur lui. C'est que les prêtres avaient craint qu'on ne les forçât d'entrer chez le chevalier, devant la maison duquel ils devaient passer.

CHAPITRE V.

Vol-sacrilége.

Un livre, ayant pour titre: *Essai sur le blasphéme*, est parvenu, en 1823, à sa huitième édition. C'est une paraphrase de l'ordonnance de 1666. L'auteur, M. Marquet, curé de Bouillon, se répand en longs regrets des temps heureux où le pilori, les mutilations, les galères étaient les peines du blasphême : il exhorte chrétiennement les particuliers à dénoncer les blasphémateurs, à les frapper, les souffleter, *fallût-il mourir*. Il propose ensuite de former des confréries pour l'extirpation du *blasphéme de pensée.* C'est un exemple pour la congrégation : la recherche du *sacrilège de pensée* entrerait bien dans la *police* de ses confréries. L'inquisition avait ses familiers, ses alguazils et ses bourreaux.

Le ministère a dénoncé aux deux chambres 538 vols sacrilèges commis depuis 1821. C'est presque deux vols par arrondissement. Cependant on ne cite que deux ou trois de ces vols, et l'on publie en cinq gros volumes les comptes des munitionnaires de l'armée d'Espagne. Si l'opinion publique, étonnée, possédait les renseignemens qu'on a dit être *très-exacts,* elle apprécie bientôt, dans chaque localité, cette exactitude : elle se convaincrait, si aucun de ces vols ne doit être imputé à un zèle imposteur et fanatique. Des départemens très-populeux ont des chapelles isolées et ouvertes de toutes parts ; leurs routes sont comme jalonnées par des calvaires, et aucun vol n'y a été commis. Le prétendu vol-sacrilège de l'église de Neuilly, près Paris, s'est réduit à une escroquerie. Dans le xvie siècle, un habitant de Paris fut condamné aux galères à perpétuité pour avoir dérobé un bout de cierge.

L'ancienne législation, contre le vol-sacrilège, avait, outre la question et les écritaux, la hache, le gibet, le bûcher. Mais la déclaration de 1666, empruntée à Saint-Louis, était exécutée comme l'ordonnance de Philippe Auguste qui, en 1181, avait condamné les nobles qui proféreraient des

juremens , à payer une faible amende, et les ro-
turiers à être noyés.

Louis XIV accorda même des pensions à des
courtisans qui avaient volé des vases consacrés
dans deux chapelles royales. Ces voleurs étaient
titrés , comme ce seigneur qui, aux fêtes du ma-
riage de la duchesse de Bourgogne , coupa une
partie de la robe de la princesse pour enlever une
agraffe de diamans précieux. Mme de Rivière, qui
raconte dans ses lettres plusieurs vols semblables,
dit que ces courtisans volaient pour s'indemniser
des dépenses de toilette qu'il leur fallait faire pour
plaire au roi. Ce genre d'indemnité avait déjà été
pratiqué par Jean d'Alba. (*V. les Provinciales.*)

Une déclaration de 1651 , qui fut remise en
vigueur en 1727 , punissait de mort les gens de
guerre coupables de vols d'église , ces vols eus-
sent-ils été simples. Néanmoins ces délits ne furent
jamais plus fréquens. En 1694 , les troupes étrangères que Louis XIV avait à sa solde et qu'il ne
payait pas , pillèrent complètement dans la Cata-
logne vint-deux églises , et ils brisèrent les vases
sacrés.

La justice criminelle, en 1726, torturait, pen-
dait, brûlait vif, écartelait; elle n'avait pas assez
de fouets, de carcans; les bagnes étaient remplis.
Cependant, des bandes de brigands se partageaient
les grandes routes du royaume; les habitans du
centre de Paris n'osaient pas aller le soir dans les
faubourgs. On arrêta dans l'appartement même

du Roi, à Versailles, un prêtre qui volait des ga-
lons et des franges d'or. Condamné à être pendu,
il obtint sa grâce. Malgré l'ordonnance sanguinaire
de 1724, les églises étaient incessamment volées.
Il en était de même en Italie, dans tous les états
catholiques. Des supplices furent la ressource im-
puissante du gouvernement. Il ne voulait pas re-
chercher les causes de ces vols. C'étaient le manque
de fabriques et de commerce, la détresse de l'a-
griculture, la misère publique, la fureur du jeu,
les mœurs dépravées de la cour qui corrompait la
ville, enfin, les richesses entassées dans les églises
et qui s'accroissaient incessamment.

La peine ordinaire pour vol d'un calice ou ciboire, dit Voltaire, est d'être brûlé vif. « On n'examine pas si, dans un temps de famine, un père de
famille aura dérobé ces vases pour nourrir sa famille mourrante, si le coupable a voulu outrager
Dieu, si on peut l'outrager, si un ciboire lui est
nécessaire, si le voleur a su ce que c'est qu'un ciboire ; si ce ciboire d'argent doré n'était pas abandonné par négligence, ce qui diminuerait le délit.
Le *sacristain* qui a fait cette loi, a-t-il bien songé
qu'un homme brûlé vif ne peut pas se repentir et
reparer ses fautes ? »

L'administration passe un bail de la ferme des
jeux, et le ministère emporte triomphant la loi contre le sacrilége. La passion du jeu ainsi protégée, se
répand jusque dans les villages, et elle inspire
tous les crimes. Le bourreau du sacrilége est as-

suré d'avoir des *patiens* parmi les joueurs. Mais lorsqu'en 1710, la capitale était en proie à la famine, le prévot des marchands remercia l'assemblée du clergé, non d'être venu aux secours de la misère du peuple par ses richesses, mais d'avoir organisé des loteries. « La charité des pasteurs, des prélats, dit-il, a été si ingénieuse qu'elle a fait servir à ses fins, ces jeux de la fortune où un grande espérance coûte peu, qu'elle a su par là tirer de l'avidité du gain, un tribut volontaire, et faire contribuer ceux qui ne pensaient qu'à s'enrichir. » La loterie, autre cause de misère et de crime, servit aussi à bâtir des églises : des couvens de filles, furent entretenus par *ce jeu de la fortune*.

CHAPITRE VI.

Edifices consacrés au culte.

Il y a déjà en France 110 ou 120,000 églises ou lieux consacrés au culte catholique, tant cathédrales, chapelles royales, paroisses, succursales, que chapelles d'évêques, chapelles d'hôpitaux, de prisons, chapelles domestiques, chapelles de couvens d'hommes et de femmes, chapelles de pensionnats, etc.

L'archevêque de Paris déclarait, en 1696,

que le nombre excessif des chapelles domesti-
ques est devenu une occasion d'irrévérences
pour les saints mystères. En effet, il était du
bon ton de n'assister aux offices paroissiales qu'aux
quatre grandes fêtes. Les gens *comme il faut* s'y
rendaient pour étudier les modes, pour briller et
pour nouer des intrigues galantes. A présent,
leurs descendans rétablissent des chapelles dans
leurs hôtels et dans leurs châteaux.

Des propriétaires, pour achalander des mar-
chés dont le terrain et les loges leur appartien-
nent, ont fondé auprès des chapelles qui sont isolées. Depuis aussi que d'anciens pélerinages ont
repris leur vogue, d'antiques chapelles, situées
dans des lieux déserts, sont ouvertes quelques
jours de l'année. Les offrandes de vases précieux
y abondent; et les ex-voto se ressentant des progrès du goût et du luxe, n'y sont plus des mains
de carton et des croûtes. M. le marquis de ***, ac-
tuellement député, fit ainsi une offrande d'une
valeur de 4 à 5,000 fr. C'était en 1817 : alors la
disette désolait les villages voisins.

La France possède déjà 2,000 couvens dont la
population, seulement en religieuses, s'élève à
19,000 : tel de ses couvens occupe le dixième du
territoire d'une grande ville. Ce ne sont dans leurs
chapelles que solennités, que sermons, qu'adorations perpétuelles; des écriteaux annoncent des
indulgences; les cloches sont toujours en branle;
mais les temples mêmes du sacré-cœur qui sont les
plus nombreux, restent souvent déserts.

Après cette esquisse d'une statistique de chapelles, si l'on médite la loi, ne frémit-on pas? Que faut-il dans les oratoires des châteaux, dans les chapelles des pélerinages, pour étayer une accu_ sation de vol-sacrilége? L'envie et d'autres passions parmi les domestiques, quelques paysans jaloux, abrutis. Et quelle ignorance, quelle misère, quelle superstition règnent encore dans les vil_ lages! Si un sacrilége souillait l'oratoire de religieuses, ces filles pieuses iraient-elles dénoncer le coupable, demander pour vengeance sa tête? Elles faciliteraient plutôt son évasion, et l'opinion publique les en bénirait, tandis qu'elles auraient vu, à la porte de leurs couvens, une famille misérable leur redemander un époux, un père ou une mère.

Entrez-vous dans les églises à certaines heures du jour, le soir, vous apercevez deux ou trois personnes dans des niches de chapelles ou auprès des bénitiers, et ce sont des infirmes. Toutes les préventions germent dans les têtes dévotes : un geste indécent les scandalise , un acte irréligieux est par elles réputé un attentat. Qu'un étourdi , un curieux, qu'un ivrogne s'approche d'un tabernacle mal fermé, ou que quelqu'un , épiant un ennemi, épande près de lui des hosties, ces gens auront vu des profanations; sacristains, pauvres, tous seront convaincus du sacrilège. Combien aussi les processions , souvent si tumultueuses, les pélerinages, ne peuvent–ils pas produire accidentellement de profanations-sacrilèges? Il en

peut naître même dans la chambre du mourant ,
que l'on alarmerait, en présence de sa famille , sur
la possession légitime de ses biens.

CHAPITRE VII.

Supplices.

La France indignée a entendu proférer des ac-
tions de grâces en l'honneur des *rigueurs salu-
taires ;* elle savait que les moines atroces de l'inquisition élevaient des échafauds pour prêcher
leurs victimes, dont la mort profitait à leur horrible puissance. Les sauvages de l'Amérique pré-
ludent par des chants de mort à la destruction de
leurs semblables. Que la langue consacrée à la
tolérance par Fénélon et par Massillon, ne nous
redise que les douces maximes d'une religion dont
le divin Auteur pria, du haut de la croix, pour
ses bourreaux.

Combien, durant nos discordes civiles, ont ap-
prouvé des lois de sang, dont les rigueurs les
rassuraient contre l'exécution, et qui cependant
les ont atteints, eux ou leurs proches ! Nous dé-
plorons encore les attrocités commises au nom de
la liberté ; et les crimes exercés pour venger une
religion de charité souillent incessamment nos
annales.

Bordeaux et Paris ont vu le plus de supplices pour vols sacriléges. En 1527, un pauvre dérobe une custode qui renfermait une hostie, et il l'applatit sous ses pieds pour l'emporter plus facilement. Le parlement de Bordeaux fut partagé sur la question si ce crime méritait la *peine capitale* (le bannissement, l'amende honorable, la privation d'état, l'infamie) ou le dernier supplice. Le Code de Justinien ne s'expliquait pas clairement : on consulta la glose, et la majorité opina pour la mort. Mais, ajoute Papon (liv. 24, p. 730), la peine de sacrilége est arbitraire; elle dépend de l'office du juge.

Naguère on reprochait à notre Code criminel d'être l'œuvre de la tyrannie; et le despotisme a expié par sa chute ses lois cruelles. Ces accusations promettaient une révision du Code dans l'intérêt de l'humanité et de la justice. Promesses fallacieuses, que le triomphe a fait évanouir.

Mais n'a-t-on pas reproché à la philanthropie de demander instamment l'abolition de la peine de mort? Qu'est-ce donc que la mort pour l'homme coupable d'un grand crime? sinon la délivrance de ses tourmens et de la misère. Si des populations, conviées par la police à son supplice, le poursuivent d'une rumeur terrible, encore un pas, le dernier..... La hache ne s'agite pas qu'il a déjà son pardon; son corps n'est pas encore un cadavre, que la pitié a saisi tous les cœurs. Mais la société offensée a-t-elle demandé cette immolation? Mais des échafauds, un couteau, une hache, deux fois du sang..... Et ce supplice doit venger la religion, qui, comme trophée, porte une croix, et qui repoussa de ses temples et les bûchers et les hécatombes!

Et quelle peine n'est-ce pas déjà que celle des travaux forcés et à perpétuité? Pour les condamnés, pas une heure de liberté; plus de retour à la vertu; car le remords ne peut plus leur servir, et, pour l'étouffer, il ne leur reste qu'à s'associer à la dépravation de leurs compagnons de crime; plus de famille, plus d'espérance... Le travail, l'instruction, les eussent détournés de l'abîme (1).

Du moins, faudrait-il que la loi graduât les peines selon la position sociale des coupables. Un artisan affamé dérobe un ciboire, et il jette les hosties : c'est qu'avec l'audace du crime il cède encore à un sentiment religieux; mais le ministre des autels, qui vole ou empoisonné des vases sacrés, qu'est-il, si le premier est un sacrilége?

Parmi les coupables de vol-sacrilége que la loi

---

(1) En 1814, un forçat du bagne de Cherbourg scia ses fers et s'évada. La colère du commissaire s'assouvit sur le malheureux qui était accouplé avec lui. Je l'ai vu dans un cachot fétide, les pieds engagés dans une pièce de bois fortement étreinte : ses bras étaient aussi écartelés dans un pareil étau. Il devait passer plusieurs jours dans ce supplice, à moins qu'il ne révélât la retraite de son camarade. Celui-ci, quatre jours après, fut découvert et arrêté dans un champ de blé, à trois lieues de la ville.

frappa dans le xviiie siècle, plusieurs apparte-
naient à l'église. Le 4 mai 1714, le parlement
de Paris condamna un prêtre à être brûlé, pour
vol de calices et de ciboires. Pierre Bouvart Pas-
quier, prêtre du Maine, dit la messe à Paris
en 1741. A peine descendu de l'autel, il em-
porta le calice et la patène qui venaient de lui
servir, et il les vendit sur une place publique à
des brocanteurs. Il fut jugé à mort. Après avoir
fait amende honorable en chemise, corde au cou,
une torche de cire jaune, du poids de deux livres, entre les mains, il fut pendu, étranglé,
brûlé. Ce fait, on jeta ses cendres au vent. Mais
ces deux prêtres n'eurent pas le poing coupé,
parce qu'ils avaient pouvoir de toucher les vases
sacrés.

Deux bernardins de l'abbaye de Léoncel en
Dauphiné, s'étaient voués une haine mortelle.
L'un, nommé Raymon, épia le moment où l'autre, appelé Peythieu, allait dire la messe, pour
jeter du poison le plus subtil dans le calice.
Peythieu en mourut peu de temps après. Un
autre religieux, qui se servit du même vase, fut
aussi empoisonné, et il languit long-temps. Ré-
fugié en Italie, le coupable y brava les poursuites
dirigées contre lui par le parlement et par l'ordre
de Saint-Benoît.

On ne cite ces cas que parce qu'il semble qu'on
ne les ait pas prévus. La loi aussi se tait sur la
procédure en matière de sacrilége. Cependant des

hosties consacrées ont été semées sur le pavé; ou
du poison a été jeté dans le ciboire. A la justice
civile seule appartient de constater le crime : voilà
garde champêtre, maire, substitut, etc, qui dres-
sent des procès-verbaux. Que des femmes, dans
les accès d'une dévotion délirante, dérobent des
hosties, qui les fouillera? Dans tous ces cas, les
pièces du procès doivent être déposées au greffe :
des chimistes emploient leurs acides et leurs creu-
sets pour reconnaître la présence du poison; à l'audience publique les magistrats devront examiner
les vases? Auront-ils à demander une permission
pour les toucher; et si elle leur était refusée?

Le passé ne refusait pas ses enseignemens. Un
vice infâme, qui a rendu une ville de la Palestine
comme l'antipode de Cithère, affligeait la société.
Fallait-il l'imputer aux jésuites? Leurs collèges,
et les palais royaux, en étaient les principaux
repaires. Bourdaloue, en 1684, adressa au roi, du
haut de la chaire, d'instantes prières de l'expulser
de la cour. Louis XIV, que la nature avait doué
d'un esprit droit, blâma le zèle scandaleux du
prédicateur. Des menaces et des disgrâces répri-
mèrent secrettement les débauchés.

Londres eut aussi, en 1721, une association
de libertins effrénés, qui avait pris le nom de société du *Feu d'Enfer*. Georges I.er commanda
aux magistrats de punir les affiliés d'une manière
ignominieuse. Le comte de Nottingam proposa un
bill contre le blasphème et la *profanation*. Mais

le conseil, afin d'anéantir les preuves de l'existence de cette société infâme, et pour prévenir des poursuites inquisitoriales, ordonna de la surveiller secrètement.

Ce vice pouvait-il ne pas reparaître sous la régence ? Le duc de Bourbon, premier ministre en 1726, prétendit venger la société avec d'autant plus de sévérité, qu'il la scandalisait par ses amours adultères. Un conseiller de Bordeaux fut exilé; un gentilhomme du Mans fut condamné à mort. Les crieurs autorisés par la police, annoncèrent dans tout Paris qu'un personnage allait être brûlé en place de Grève, pour crime de s.... Cette publicité attira aux jésuites force épigrammes, fut peu efficace, et elle scandalisa généralement.

L'ivresse était un cas excusable suivant l'ancienne législation. Papon rapporte que le parlement de Bordeaux condamna au fouet, en 1435, un ivrogne qui, d'un coup d'épée, avait tranché la tête d'un crucifix. Mais la cour de cassation a décidé plusieurs fois que l'ivresse ne pouvait être une cause d'excuse: D'ailleurs, le sacrilège est assimilé au parricide, que l'article 325 du code, déclare inexcusable, malgré deux arrêts du parlement de Normandie, de 1600 et 1612.

L'ancienne législation punissait le sacrilége commis même par l'enfance. Nicolas Bohier rapporte, dans ses décisions de Bordeaux, que des enfans ayant volé un calice, furent condamnés à être fouettés pendant deux samedis aux carrefours de la paroisse, à assister nuds en chemise, et la corde au col, à deux hautes messes de dimanches suivans, et lors du lever-dieu, à crier hautement *merci à Dieu*. Le nouveau législateur a pensé sans doute que les adolescens ne pouvaient être condamnés comme n'ayant pas le discernement. En effet, le sacrilége sera toujours un sujet de controverse inextricable. Puisse la loi qui répute fréquent le vol sacrilége, prévenir les cas où des hommes coupables, prêts également à profiter du crime et à se dérober au châtiment, pousseraient quelques-uns de ces jeunes malheureux qui couvrent nos places publiques, à commettre des vols dans les églises!

Un autre objet réclamerait bien plus cette prévision. La congrégation s'empare même de l'enfance : elle la façonne à l'espionnage, à l'hypocrisie, elle s'assure de trouver des profanateurs, si elle veut troubler la société par le récit de sacriléges. Mais la loi ne s'occupe ni des confesseurs qui séduiraient leurs pénitentes, ni des aventuriers qui sans être prêtres, exerceraient des fonctions ecclésiastiques, ainsi que le firent dans le dernier siècle plusieurs affiliés des jésuites.

C'est qu'on n'a pas oublié les anciennes immunités que la charte réprouve, et qu'on applique au sacrilége même. En 1820, un postillon de Genève déroba quelque chose de la parure d'une image de la vierge, à Annecy. Il fut brûlé vif sur la place de Chambéry. Un pâtre piémontais courrut annoncer

à Turin qu'une image de la vierge était sortie res-
plendissante d'une fontaine, et qu'elle attendait
les adorations du clergé; et elle fut apportée pro-
cessionnellement dans Turin ou le pâtre parut un
homme extraordinaire. Enfin, le curé Mingrat a
commis tous les crimes et tous les sacrilèges, et il
vit pāisiblement à Fenestreta.

Singuliers rapprochemens! Le Code criminel
punit le meurtre et l'homicide excusable ou invo-
lontaire de l'emprisonnement de trois mois à cinq
ans, et d'une amende de 5o à 6oo fr. L'art. 14
de la nouvelle loi prononce contre la dégradation
des statues ou reliques un an à cinq ans d'emprisonnement, et une amende de 1000 à 5000 fr.
Enfin elle punit de mort le sacrilége. On lit dans
le livre des Taxes des parties casuelles de la bou-
tique du pape, rédigé par Jean XXII : « Celui
qui a tué son père ou sa mère doit payer à la cour
de Rome 17 liv. 14 sols. Celui qui se permet de
transférer les réliques d'une ville dans une autre,
doit payer 55 liv. 13 sols ». Et le titre 38 porte :
« Des sacriléges, des vols, des incendies, des par-
jures, etc. Celui qui a commis quelqu'un de ces
crimes est pleinement absous, moyennant 36 liv.
tournois et 9 ducats. »

CHAPITRE VIII.

Délits commis dans les églises.

Notre civilisation a été préservée de la honte et de l'horreur du supplice de la mutilation ; mais rien n'a été statué sur l'amende honorable que l'appareil et des prédications peuvent rendre si dangéreuse à la paix des divers cultes. La couleur du voile dont on proposait de couvrir la figure du sacrilège, devait être le noir, puis le rouge, encore le noir ; quoique le vert désigne, dans les bagnes, la peine à perpétuité, et que le jaune soit la couleur de la folie. Mais les derniers articles de la loi sont d'autant plus importans qu'ils doivent recevoir une fréquente application.

Le clergé est devenu plus pur dans ses mœurs et plus appliqué à ses devoirs ; mais il n'a pas à sa tête ces lumières qui illustrèrent l'église de France : sa science a faibli comme son courage, quoiqu'il ait en présence les ennemis de l'église gallicane. La mort enlève de vénérables pasteurs qui sont remplacés par de jeunes prêtres qui n'ont que l'ardeur du zèle. Beaucoup aussi se plaignent de l'arbitraire des évêques qui les jettent d'une cure dans une autre. Ainsi, étrangers à des contrées dont les usages peuvent les choquer, s'ils

prétendaient les réformer, le peuple ne se sou-
mettrait pas sans murmurer. Combien de ces usages , qui , dans les campagnes semblent outrager
la pudeur , ou troubler les cérémonies ! Sur les
confins du Loiret et d'Eure-et-Loire , les mariés
se mettent-ils à genoux pour entendre la messe,
des garçons , les saisissant par le pied gauche ,
leur appliquent sur la plante de rudes coups du
plat d'un grand couteau. Dans le Jura, si la mariée
prétend rester maîtresse dans le ménage , elle
ne laisse pas aller la bague au-delà de la seconde
phalange ; tandis que l'époux fait tous ses efforts
pour faire passer la bague le plus loin possible.
Le prêtre reste témoin de ce combat qui amuse
tous les spectateurs.

Les temples de Babylone et de Cythère auraient
été plutôt les asiles de la pudeur que ne le furent
jusqu'à 1789 , les chapelles de Saint-Prix à Cor-
meil, près Paris , de Saint-Arnault, dans le Bour-
bonnais, de Saint-Renaud , en Bourgogne , de
Saint-Gilles, dans le Cotentin , de Saint-Guerli-
chon, dans le Berry. Est-on bien certain que les
femmes ne s'y étendent plus sur les statues de ces
saints ?

Un missionnaire qui dit devant une assemblée
d'indigens que mieux vaudrait cent fois que tous
les pauvres périssent de misère plutôt que la
France restât sans prêtres ; un autre qui apostro-
phe , tour-à-tour , préfet , maire , président , etc.
pour leur faire des remontrances; un desservant

qui , après avoir désigné, au prône, un parois-
sien , ne répond , à ses plaintes , à la sortie de la
messe , que par un violent soufflet , ne devraient-
ils pas être considérés comme les auteurs de troubles s'il s'en élevait ? On apprendrait parfois d'é-
tranges avanies qu'endurent des fidèles, s'ils avaient
l'humeur processive de ce mari, qui, insulté,
ainsi que sa femme, assigna l'official de Bayeux ,
parce que ce dignitaire refusait de relater, dans
le monitoire qu'il allait lire au prône , les plus
grossières injures ?

On ne dirait plus, avec le poëte Mantouan :
« Tout se vend à Rome , temples , autels , sacer-
doce , sacrifice , encens , prières, le ciel et Dieu
même : » ni avec Chanvalon, archevêque de Paris :
« Il est des pasteurs qui préférant leurs propres intérêts à ceux des peuples, ne s'acquittent
de leurs fonctions que dans la vue de la rétribu-
tion. » Pourtant, que de débats l'argent fait éle-
ver dans les églises et dans les sacristies? et la
loi ne dit pas que le clocher et la sacristie soient
dans l'intérieur ou à l'extérieur des édifices consacrés.

On ne reverra pas sans doute à Bernay un prédicateur conduit, malgré lui, par un sergent et
deux recors aux pieds d'un superbe bénédictin
qui le bénissait (1725) ; ni à Luçon, le ministère public obligé d'intervenir, entre le chapitre
et l'évêque , disputant au sujet d'une aumusse
qu'un prédicateur voulait garder en chaire.(1754);

ni à Maymac, diocèse de Limoges, un vicaire, revêtu de la chappe, traîné dans l'église et frappé jusqu'à effusion de sang, par des religieux et leur notaire (1725). Grâce à la tolérance, le même temple, dans l'ancienne Alsace, reçoit, à des heures différentes, le curé et ses paroissiens, le ministre et ses co-réligionnaires qui s'y nourissent en paix de la parole évangélique.

Mais le char de l'état est lancé, et déjà il s'enfonce dans l'ancien régime! La loi a-t-elle prévu et pourrait-elle réprimer les scandales et tous les troubles que produisait la préséance niaise et superbe? A Saint–Denis et à Notre-Dame, elle retardait, empêchait les offices auxquels se rendait l'assemblée du clergé! En 1742, Louis XV assiste à un *te deum;* mais il lui faut auparavant entendre, dans le sanctuaire, des évêques et des cardinaux qui disputent, plaident pour un banc. La naissance du Comte de Provence (Louis XVIII) fournit l'occasion d'un nouveau débat : la mort du duc de Bourgogne (1761) ranime la dispute fameuse des carreaux et des chaises à dos; et il semble que la dauphine, mère de Charles X, voulut prévenir de nouveaux troubles, en ordonnant qu'elle fut inhumée à Sens, sans aucune pompe : aussi le clergé ne fit pas même d'aspersion sur son corps.

On disputait à la cour, à l'église, au parlement pour marcher, s'asseoir, pour saluer et chanter. Aux funérailles de Henri IV, le parlement et les

clercs ecclésiastiques se battirent ; au vœu de
Louis XIII, on vit dans la cathédrale la chambre
des comptes et le parlement en venir aux mains.
Le garde des sceaux Duvair et le duc d'Epernon,
à Saint-Germain-l'Auxerrois, se prirent aux che-
veux et couvrirent le sacré parvis des débris de
leurs perruques. Les présidens des enquêtes gour-
mèrent, dans Notre-Dame, Savare, doyen des
conseillers de grand'chambre ; quatre archers
empoignèrent Barisson, le plus violent des présidens. Les aumôniers et les chapelains du roi
avaient de fréquens démêlés. Même à la cérémonie de la cène, des duchesses se menaçaient du
poing.

Il est peu étonnant que le sang coulât quelquefois aux processions. La Fête-Dieu amenait toujours des rixes violentes, et les reposoirs n'étaient
pas respectés. Depuis 1803, des prêtres et des magistrats se sont disputés sur l'étiquette. M. Boyer,
sulpicien, prétend dans ses Eclaircissemens sur
le concordat de 1817, que tout ecclésiastique doit
avoir l'honneur du pas sur les rois. On veut réta-
blir les confréries et corporations; on les aura
avec leurs scandales et leurs profanations.

On a vanté même à la tribune, la sollicitude
des moines à conserver les monumens de nos an-
tiquités : mille faits déposent du contraire. Maintenant la peine de cinq années de prison et l'a-
mende de 5,000 fr. vont protéger la vitre de
Montfort-l'Amauri, qui représente Adam et Ève

dans une attitude obscène ; et le bénitier du
village de Corre (Haute-Saône), qui est fait du
ventre d'une statue de Vénus. L'article 14 est-il
applicable, au cas de dégradation des tapisseries de
Don Quichotte, que M. l'intendant des menus fait
tendre sur le passage de la procession royale de
Saint-Germain? Malheur à qui toucherait au mo-
nument de Dubois qui orne une des chapelles de
Saint-Roch, de Dubois que ses contemporains
appelaient le cardinal Cartouche, et auquel le
régent honteux de son libertinage, disait: va-t-en,
chien de cardinal; sors d'ici (le Palais-Royal).
Mais des marguilliers pourront faire rogner des
tableaux précieux, des curés couper des têtes de
saints pour les replacer d'une statue sur une
autre. M. l'évêque de Châlons a déchiré dernic-
rement, dans une église, le portrait d'un janséniste. Des couplets satyriques n'ont pas troublé la
satisfaction qu'éprouve M***, chanoine, qui, dans
la cathédrale de B* a fait applatir, par un maçon,
la gorge d'une statue de la Vierge.

CHAPITRE IX.

Jésuitisme.—Superstition.

On croit que la Divinité doit paraître au
sommet de la législation entourée d'instrumens

de supplices. Mais si Rome eut des châtimens contre les profanateurs, le sénat adopta pour maxime constante : *Deorum offensæ Diis curæ.* Personne ne conteste que des délits qui troublent l'exercice des cultes ne soient très-punissables. Le législateur doit-il laisser impuni d'autres délits qui corrompent la religion, dégradent l'humanité ? Le vol est toujours odieux, la profanation toujours méprisable, mais la superstition qui s'allie souvent à des sentimens louables, offense la morale publique, est intolérante de sa nature; elle est même homicide. « Voyez, dit Plutarque, quel jugement les superstitieux ont des Dieux, quand ils les estiment estourdis, déloyaulx, muables, vindicatifs, cruels, chagrins et cholères : dont il s'ensuit qu'ils les haïssent et qu'ils les craignent ? » (1) L'édit de 1682 assimilait la superstition au sacrilége.

Mais envain la philosophie a chassé du temple le monstre qui le souillait, envain la tolérance a espéré que la présence de plusieurs cultes rivaux, mais non ennemis, servirait la religion elle-même; la superstition a reparu. Comment ne pas reconnaitre l'influence du jésuitisme ? Le fanatisme et la superstition ont toujours été ses auxiliaires, comme la violence et la corruption ses moyens ?

(1) Voltaire dit du superstitieux,

> Rien n'a plus sur lui de pouvoir,
> Sa justice est folle et cruelle ;
> Il est dénaturé par zèle
> Et sacrilége par devoir.

Qui a dit : « Il n'est pas évident que la religion catholique soit la vraie religion ?» le jésuite Karascouet, à Caen, en 1693. Quel missionnaire a dit : « Il n'est pas certain que l'Evangile soit écriture sainte ? Le père Tournemine, en 1730. Et les pères Hardouin et Berruyer ont altéré le texte sacré. Saint Chrysostôme avait écrit : il n'y a que le diable qui puisse nous détourner de lire la Bible. Mais suivant M. de La Mennais ? des milliers de crimes quadruples sont dus à la lecture de l'Ecriture Sainte.

Dans la Chine, les jésuites commettent toutes les profanations : partout ils sont les plus habiles à manufacturer des reliques et à préparer des prodiges. Célèbrent-ils la cannonisation de l'un d'eux, ils habillent en pape un de leurs élèves qui fait danser un menuet à la *religion*. Ils affirment que Jésus-Christ a révélé à François Borgia que ceux qui mourroient jésuites ne seraient point dannés, privilége qui ne finira, s'il a jamais une fin, qu'en 1843. Heureux les peuples, heureux les rois si le jésuitisme n'avait manié que les hochets de la superstition.

Avant 20 ans, disaient les jésuites en 1728, il y aura une inquisition en france. Il n'ont pas autant à attendre. Que leur importe d'avoir contre eux tous les esprits élevés, les amis du trône et de la liberté : la congrégation prêche le servilisme elle a organisé l'espionnage et elle influence l'administration. Le ministère favorise des associations que le despotisme défendit au temps dé la toute puissance des suppôts de l'ultramontanisme.

Les jésuites, en 1716, formaient des associations parmi les soldats, sous prétexte de les affermir dans la religion. Le gouvernement, disent les mémoires, jugea que cette affaire, pourrait avoir des suites dangereuses. Le régent expédia des courriers, fit publier dans tout le royaume: des défenses très-rigoureuses aux troupes de s'affilier avec les jésuites, et toute association religieuse leur fut interdite.

Mais le *Drapeau blanc*, du 12 janvier 1823, contient un long article nécrologique, signé Saint-Victor (auteur d'une traduction d'Anacréon). « La mort de ses saints est précieuse devant Dieu (Ps. 115.) M. Bertaut du Coin est mort à Lyon. Le 20 mars décida sa vocation militaire : au retour du roi il fut nommé capitaine dans la garde avec le rang de chef de bataillon. Il rallia autour de lui les officiers, les décida à assister à des conférences que suivait un catéchisme que l'on faisait aux soldats. C'était comme une préparation à une mission qu'il disposait secrettement avec messieurs de la congrégation des missions de france. Elle eut lieu à Versailles où étaient rassemblés plusieurs régimens de la garde. De concert avec de vertueux ecclésiastiques, il forma à Paris une congrégation qui le reconnut pour son chef et qui durera sans doute longtemps après lui. Il avait des relations intimes avec ce que la France possède aujourd'hui de plus illustres personnoges.. » On lit dans une brochure de M. Robert (des anciens ministres pag. 274.) » M. Bertaut du coin avait un bureau particulier dans l'hôtel de la direction de la police.

Mais avant même que la congrégation fut reconnue, l'administration laissait s'accréditer, des impostures. En 1816 une fille du bourg de Tilly, près Saint-Acheul, se trouva enceinte, et pour cacher sa faute elle se dit possédée de trois démons. Elle courait dans les rues à quatre pattes, ou sur les mains, les jambes en l'air. Un jésuite fut détaché de Saint-Acheul et vint exorciser cette fille. Enfin l'autorité la fit enfermer dans un hopital, et le père S.** eut ordre de renoncer aux exorcismes.

Trois mineurs des environs de Valenciennes gagnèrent beaucoup d'argent avec une prétendue image miraculeuse de Notre-Dame, avant que l'administration des forêts en 1816, ne fit couper le chêne qui recélait la statue : encore allégua-t-on les dégâts que l'affluence des pélerins causait dans le bois. Mais c'est impunément que recommencent dans Paris les convulsions, genre dans lequel les jésuites furent toujours plus habiles que leurs adversaires. On exhume, avec autorisation, des corps de religieuses mortes, dit-on, en odeur de sainteté, et peut-être prépare-t-on des panégyriques, des odes en leur honneur, pour grossir un jour nos annales littéraires aussi ridiculement que le sont les *bibliothèques* italienne, espagnole et

portugaise. Des miracles sont annoncés, d'autres
se méditent. Nous pourrions en indiquer un,
entre autres, qui est en disponibilité depuis 1796,
près du village des Planches dans le Jura. Un
chêne superbe y renferme une Notre-Dame de
pierre qu'il a recouverte de son écorce.

Un des effets affligeans de la loi du sacrilège
peut être de faire agiter devant les tribunaux le
mystère de la consécration. Mais il arrivera plus
fréquemment qu'on y discute l'authenticité des
reliques. Par exemple, si l'abbaye de Fécamp a
possédé jamais des gouttes du sang de Jésus-Christ.
si Chartres, a conservé la soutane de saint-Lubin
qui guérissait de la fièvre ; si le maire d'Amiens a
véritablement sauvé de la révolution la vraie tête
de saint-Jean-Baptiste, qui, était la sixième du
même saint que baisa l'abbé de Maroles. Lorsque
M. Forbin de Janson. aujourd'hui évêque de Nanci,
était chef des missionnaires, on montrait au Mont-
Valerien une bouteille contenant un *han* (souffle)
de saint-Joseph. Ce vase n'était sans doute pas
consacré ?

Il semble qu'on n'ait pas assez réfléchi aux résultats de la loi avec les croyances de la superstition favorisée, encouragée. Des femmes dérobent
quelque bout d'une ceinture semblable à celle
dont le clergé de Saint-Germain-des-Prés ceignait
encore en 1789, les femmes grosses pour leur procurer d'heureuses couches. Leur action sera un vol
dont la peine sera la réclusion. Si les villageoises

du Mont-Roland ou de Bretagne continuent pour devenir fécondes, à racler du molet ou d'autres parties des statues du neveu de Charlemagne ou de saint-Guignolet, ne seraient-elles pas coupables, sans le savoir, de mutilation?

En 1819, des paysans de la Sarthe et de l'Orne ont tué deux hommes auxquels ils imputaient d'avoir attiré par des *sorts*, les loups sur leurs troupeaux. Ces crimes dont l'un est resté impuni, accusent moins encore l'instruction religieuse que la police qui proscrit le colportage de livres propres à délivrer les villageois des préjugés. Mais on autorise des charlatans de place à débiter des reliquaires, des bagues bénites, et des relations de miracles. Les missionnaires ont fait imprimer à Bordeaux, une lettre trouvée en 1820, près Saint-Morate en Languedoc, et qui était écrite de la propre main de Jésus-Christ et signée de la croix. Elle menaçait de l'enfer ceux qui n'assisteraient pas aux saints offices, ceux qui retiendraient les biens de l'église, etc.

Puisqu'on a imprimé les révélations de Jésus-Christ à Sainte-Brigitte, les presses de Lyon, surtout celle d'Avignon qui répandent le plus de livres de ce genre, vont reproduire sans doute la vie de Marie Alacoque, l'inventrice des *sacrés cœurs* : ouvrage ridicule s'il n'était obscène, moins cependant que les comédies de Saint-Hworisthe. Un des personnage est un officier ou maréchal des logis de Dioclétien : il écrit à Sainte-Irène :

Mando, ut lascivæ presententur puellæ, et abstractis vestibus, publicè desnudentur , quo versa vice , quid nostra possint ludibria , experiantur. C'est en 1824 qu'à été publiée à [Avignon la quinzième édition des *Sept Trompettes*, ouvrage d'un recollet , et dans lequel on lit que des serpens et des dragons entortilleront de leurs queues les bras, les cuisses, les jambes, la gorge et les autres parties que les femmes auront employées pour se donner du plaisir... Femmes à la mode , s'écriait un vicaire en 1817 , vous serez damnées : nous jouirons alors de vos | souffrances ; les saints et nous, nous rirons des tourmens éternels que vous éprouverez. »

Circonvenir les femmes , les engager dans des confreries, caresser l'ambition des mères, exciter la cupidité et la vanité des épouses, fut l'œuvre constant du jésuitisme. Il profite à présent de notre indifférence coupable à procurer une instruction solide , étendue, à un sexe objet d'hommages mensongers , doué d'une grande raison , mais dont l'existence , après quelque beaux jours, est comme vouée aux préjugés et à la superstition. Plaignons nous moins de la langueur de l'esprit public , ou efforçons-nous d'arracher la France à la corruption, en procurant une meilleure instruction à ce sexe dont l'influence est funeste s'il est livré à l'erreur.

Mais le jésuitisme souille le sanctuaire des lettres et il commande aux académies. Il s'est fait une auxiliaire de cette nouvelle école qui célèbre la féodalité, fait mentir l'histoire, qui n'admet point de gouvernement sans supplices pour venger Dieu : Jérémies de salon, cénobites de l'Opéra, ils sont chargés d'or pour blasphémer contre la liberté. Cette barbarie du jésuitisme corrompt aussi les beaux-arts : les élèves de l'auteur du Léonidas doivent peindre des supplices de martyrs; les conseils généraux leur commandent des adorations au lieu des portraits de nos grands hommes : ils ornent des boudoirs que l'hypocrisie a transformés en oratoires. Combien de tableaux de dévotion dont les modèles ramassés dans les rues, sont étonnés de recevoir un salaire pour feindre un air virginal ?

Louis XIV menaçait les pélerins du carcan, du fouet, même des galères : on encourage les pélerinages; des économistes de robe courte calculent les avantages qu'en retire le commerce. Les bandes de paysans qui interrompent leurs travaux, dépensent ainsi l'argent qui leur procurerait des médicamens et des vêtemens. Le parlement de Toulouse avait défendu le pélerinage de saint Estapin : les guérisons à présent y font fureur. Saint Exupère en opérait pendant dix jours près de Corbeil : en 1781, un des fils de M. Berthier, lieutenant de police de Paris, un officier de gendarmerie et d'autres jeunes étourdis, imaginèrent de se rendre sur le pré avant la châsse du saint; et sous prétexte de faire la police, ils cinglèrent, de coups de fouet la tourbe des boiteux, des paralytiques, qui s'enfuirent à toutes jambes. Les dévots indignés ne demandèrent pas moins contre les coupables que le châtiment infligé au chevalier de La Barre. Mais Louis XVI régnait : l'affaire fut assoupie.

On dit que la police fait refleurir la morale à l'Opéra : elle devrait veiller davantage sur les pélerinages, pour que dans les fontaines miraculeuses les hommes ouvrissent moins leurs braies, les femmes haussâssent moins leurs cottes, pour que tous se vautrâssent dans l'eau sans disputer. Mais on y autorise même l'infanticide ; comme chez des peuples de l'antiquité, on jetait aux bêtes, à Saturne et à Moloch les enfans difformes. *O superstitio cœca !* Des mères insensées plongent dans l'eau vive leurs nouveaux-nés. Combien qui périssent aussi après avoir été baignés dans les fontaines de Sainte-Candide en Bretagne, et de la première reine de France aux Andelys? (1)

(1) On ne rapporte le fait suivant que pour empêcher qu'il se répète. Des journaux avaient annoncé qu'il y aurait grande solennité au Mont-Valérien le 9 mai 1824. La curiosité me porta à visiter ce site superbe. Lorsque je revins au bac de Surènes, la lune brillait, les rives fleuries de la Seine étaient couvertes de monde. Mais ce n'étaient pas les *théories* de la Grèce antique qui arrivaient à Délos au son des instrumens, à la voix des plaisirs, avec tout l'appareil du goût et de la magnificence. En vain aussi on eût cherché le spectacle de la *Panégyris,* que les Grec-

On évitera sans doute de comprendre parmi les cérémonies du sacre, celle des écrouelles. On sait trop de quel mal mourut François I.er qui les guérissait à Madrid, et que si Louis XV toucha 2,000 mendians, il s'essuya les mains avec des serviettes imbibées de vinaigre et de parfums, de peur d'avoir reçu quelque germe d'infection, quoique beaucoup de gueux n'eussent que des écrouelles peintes. Ce n'est pas que les jésuites ne soient prêts à répéter ce qu'écrivaient d'autres jésuites en 1722 : « Si l'on faisait la recherche des malades que le roi a guéris à Reims, il y aurait matière à remplir un gros volume. »

Que d'abus, que de ridicules, que de profanations on éviterait, si l'on voulait respecter la raison publique! La dédaigner, fut toujours une faute, la violenter, un danger. Pourquoi tant de trônes

ques modernes, brillantes de leurs charmes, parées de leurs bijoux héréditaires, embellissent par des jeux et des danses. On chantait; on criait des cantiques, et dans les frêles bachots et sur les bords de la rivière. Enfin le bac est revenu : la foule, toujours chantante, s'y précipite, et se porte à son extrémité; le seul batelier qui gouverne est parvenu à repousser beaucoup de pélerins; il a démaré. Mais l'avant fléchit sous le poids : j'en informe le batelier, qui frémit à l'imminence du danger, et vocifère quelques jurons énergiques; les pélerins hébétés vont crier au blasphême, quand ils se hâtent de se rapprocher du centre. Ce n'était pas le seul danger que couraient plus de cent vingt personnes : le bac était mal radoubé : dans cette seule traversée il fit deux pouces d'eau.

renversés, pourquoi tant de cultes rivaux? sinon
parce que les princes et les pontifes méconnurent
l'esprit de leur siècle ; et les jugemens qu'il a pro-
noncé sont indestructibles. Les âges de la barbarie
se font reconnaître par des législations maculées
de sang : la preuve la plus sûre de la parfaite civilisation est dans la puissance de la morale publique. Et cette morale, cette raison générale
s'épure incessamment par la liberté de la presse
qui n'est redoutée que du despotisme, du vice et
de l'imposture. Tel est l'admirable caractère de
ce xix.ᵉ siècle, qui s'élève si haut par-dessus les
cinquante-huit autres siècles qui l'ont précédé,
et qui restera comme un phare éclatant pour les
âges futurs. La société ainsi considérée, quelle
pitié de voir quelques pygmées conspirer dans les
ténèbres d'arrêter son ascension, et de ruer sur
elle les préjugés !

Ah! si la religion pouvait être seule interrogée,
elle dirait qu'elle fut sans culte pendant près de
deux siècles, que le sang de ses martyrs ruissela
seul sur les échafauds, que ses maux les plus
grands datent de l'époque où la thiare prétendit
éclipser par le luxe les couronnes ; que la persé-
cution lui a été moins funeste que la superstition
qui l'outrage, et le jésuitisme, qui confond dans
une même haine les peuples et les rois, sacrifiant
la morale et le culte à la théocratie. Fille du ciel,
elle repousserait avec une sainte indignation les
immolations, parce qu'elle n'a qu'*une vengeance*

douce, éclatante, celle d'une douleur pleine d'espérance qui assure le pardon. Puisse le triomphe de l'intolérance ne jamais faire répéter à la religion ces paroles menaçantes du pape Benoît XIV : « Il est bien écrit que la religion ne » périra pas; mais il n'est pas de foi qu'elle se » maintienne pour toujours dans les empires gou— » vernés par la maison de Bourbon. »

CHAPITRE X.

Evénement de Thorn.

« Faut-il aller au bout de la terre, demande Voltaire, faut-il recourir aux lois de la Chine pour voir combien le sang des hommes doit être ménagé? » Apollon venge par la peste l'injure faite à son grand prêtre Chryséis. Mais la loi qui veut la mort pour réparation d'un crime qui n'a produit aucun mal physique, offense le Dieu des chrétiens qui punit la vengeance de tourmens éternels. Le sang du profanateur frénétique ou du voleur sacrilége rejaillirait donc sur le crucifix que viendrait de lui faire baiser le ministre du rédempteur des hommes !

Et cette loi, Charles X l'offrirait à la religion pour gage du serment qu'il va prêter à son sacre ! Il en est temps encore; que les vrais amis de la royauté lui épargnent ce malheur. Si tout fait craindre que cette loi déjà chargée du vôte de Pairs ecclésiastiques, ne soit pas rejettée, il est un amendement qui peut du moins en prévenir les effets les plus terribles. Celui qui écrit ceci pourrait plus que la tourbe des ambitieux, parler de la fidélité courageuse : il ose provoquer les méditations de ceux qui ont un même amour pour la charte, pour le roi et pour l'humanité.

Cet amendement est monarchique; car le droit de commuer les peines est la plus belle des prérogatives de la couronne, et il doit être protégé contre la faveur qui souille le bienfait, contre la cupidité qui organise des agences pour les recours en grâce. Il est constitutionnel, parce que législateur et chef de la grande famille, le Roi ne doit pas ignorer que des tribunaux condamnent, au nom de la loi, des hommes à mourir. La constitution en Angleterre, le despotisme lui-même dans d'autres états, soumettent ces jugemens à l'approbation du souverain. Et c'est du sacrilége, crime le plus indéfinissable, qu'il s'agit. Le Codé criminel est réprouvé par notre civilisation et par la nature de notre gouvernement. Admettre dans la loi la plus sévère de toutes cette révision royale serait donner un heureux présage pour la réforme de la législation.

Une injustice horrible et exécrable que la postérité aura de la peine à concevoir (ainsi des rois ont qualifié l'exécution de Thorn), fit tomber dix têtes innocentes, et faillit rallumer la guerre dans toute l'Europe septentrionale. Cet événement, qui ne date que d'un siècle, est cependant ignoré. Voltaire et Rulhière l'ont à peine indiqué, et c'est avec peu d'exactitude. C'est lui qui nous a suggéré l'amendement suivant :

Aucun jugement prononçant la peine de mort (même la peine des travaux forcés à perpétuité) pour crime de sacrilége et de vol sacrilége, ne sera mis à exécution qu'après avoir été soumis au Roi, le conseil des ministres étant présent.

Thorn, ville libre, reconnaissait le roi de Pologne seulement comme protecteur. Le traité d'Oliva, conclu en 1660 sous la garantie de Louis XIV, la maintenait dans ses libertés et priviléges dont la noblesse était jalouse. La bourgeoisie professait la religion réformée, et les jésuites convoitoient ses temples et ses écoles : ils avaient attiré dans leur collége toute la jeunesse noble. Déjà les catholiques s'étaient emparés d'un de ces temples; les jésuites s'y rendirent avec pompe le 16 juillet 1724. Des enfans luthériens se tiennent avec respect sur le passage de la procession, mais un étudiant exige qu'ils s'agenouillent, et les frappe. La cérémonie finie, il se met à la tête de ses camarades et blesse d'autres enfans et des bourgeois. On parvient à s'emparer de lui. Le lendemain, les élèves des jésuites se répandent dans la ville, le sabre à la main : le détenu est relàhé; mais un autre étudiant a été arrêté: repoussés du corps-de-garde , ils traînent dans un égoût un jeune luthérien à demi-mort, blessent encore des bourgeois, et se retranchent dans leur collége. Ils jettent des pierres, font feu sur les soldats, sur le peuple qui, irrité de plus en plus, se précipite dans le collége, brise des vases sacrés et mutile une image de la Vierge. La garnison fait bientôt cesser le pillage.

Alors Frédéric – Auguste II occupait le trône de Pologne. La diète se rassemblait à Varsovie; elle exigea un châtiment éclatant. Des commissaires furent envoyés à Thorn : ils étaient tous catholiques romains et dévoués aux jésuites. L'enquête ne commença que le 18 septembre. Le tribunal assessorial de la couronne, séant à Varsovie, s'adjoignit des sénateurs ecclésiastiques et séculiers; la diète suspendit ses délibérations pour assister aux débats qui durèrent trois audiences, du 31 octobre au 13 novembre. Un des jésuites de Thorn prononça un plaidoyer dont voici l'extrait :

« Je ne viens point ici pour défendre la cause de Dieu; cette illustre assemblée se promet bien de la venger : je viens soulager ma douleur. La religion, les yeux baignés de pleurs, crie *justice ! justice !* La chrétienté entière, le catholicisme de ce royaume portent leurs cris jusqu'au roi qui doit sa couronne à la religion, et jusqu'à la république. Si nous jettons les yeux sur tous les états de l'Europe, ne trouvons-nous pas que, l'*intro-*

duction des sectes y a renversé la liberté, sur les ruines de laquelle le despotisme et les monarques ont établi leur autorité.

« La vénération et le culte des images sont un article de foi confirmé de Dieu même par des millions de miracles. O sainte Mère de Dieu! vous voyez aujourd'hui des sorciers, des profanes qui vous coupent en pièces, qui, par un mépris sacrilège, vous traitent comme une vile créature condamnée au feu, vous la reine de Pologne!… Gracieux seigneurs, vos âmes généreuses sont consumées d'un saint zèle : vous êtes de la confrérie de la Vierge. Que chacun examine si jamais il a imploré en vain le secours de Marie. Dieu , sa mère et les saints sont interessés dans les insultes faites dans Thorn à leurs images. Le glorieux roi Louis XIV a fait jeter 16,000 bombes dans Gênes et ruiner les trois quarts de cette ville , parce que l'insolente populace avait jetté de la boue sur les armoiries : les lys de France ne représentent qu'une majesté terrestre. »

« Le juif et le payen seront appelés à la foi; mais on y doit amener les hérétiques par la force. Tout souverain doit l'exemple au peuple : il doit être le sel qui empêche la corruption. Le magistrat de Thorn est la cause de la perte de son peuple : il n'a fait prendre les armes qu'aux bourgeois hérétiques; et après le tumulte il n'a fait arrêter aucun des coupables. Je demande donc qu'il soit puni. »

« Gracieux seigneurs, Thorn est une seconde
Londres. Les églises et les cimetières catholiques
vous demandent la liberté, et on ne peut la leur
rendre qu'en confiant aux catholiques l'autorité du
conseil et des tribunaux, et toutes les charges
publiques. Sans une loi, les jésuites ne pouvaient
ériger une académie; mais Thorn en a établi une
ou elle attire les docteurs les plus pernicieux. Par
ce canal, l'hérésie se communique à toute la
Prusse. Car ces prédicans ont érigé à Thorn une
imprimerie. Il est donc de l'intérêt de la religion
et des saintes lois du royaume que cette académie
soit détruite et cette imprimerie fermée. Nous
vous supplions de faire exécuter à la rigueur et
sans délai la sentence que vous allez prononcer;
il y va de l'honneur de Dieu et de cet auguste tribunal, et les délais donnent toujours lieu à la
clémence et à la modération. Je n'ose vous parler
de supplice; mon caractère ecclésiastique ne me
permet pas d'être altéré du sang des criminels. »

Le procureur général, après ce discours du jésuite, ne prononça point de réquisitoire. Ni les
magistrats de Thorn, ni les bourgeois leurs coac-
cusés ne purent jouir du droit de se défendre. Le
tribunal assessorial rendit sur-le-champ un décret
que la Diète confirma trois jours après. Le président nommé Reusner, le vice-président Czernich,
et dix bourgeois furent condamnés à mort. Deux
bourgraves et deux officiers furent déclarés infâ-
mes, et condamnés avec plusieurs autres habitans

à la détention. Le produit des confiscations et des amendes dut servir à ériger une colonne de pierre pour supporter une statue de la vierge.

Vingt-un commissaires furent chargés de l'exécution de ce décret. Un corps de 2,400 hommes, commandés par le prince Lecbomirski, investit Thorn. Les trois ordres de cette ville s'étaient obligés de remettre les prévenus à la commission; le vice-président seul s'échappa. Un régiment arrêta le président qui assistait au service divin. Le 5 décembre la commission tint son audience : les jésuites produisirent six témoins subornés, et ils prêtèrent serment avec eux. Suivant les lois de Pologne, on n'admit aucune défense, après ce serment et les dépositions.

La ville de Thorn, plongée dans la douleur, adressa une supplique au Roi. Sept des condamnés dirent dans leur requête : « Nous nous prosternons avec nos femmes et nos enfans ménacés de la misère, aux pieds de Votre Majesté, pour la supplier, qu'avant que notre sang soit répandu, nous soyons entendus. Nous pouvons lui démontrer que les témoins produits contre nous, ont été ouïs en cachette et sans confrontation, que plusieurs d'entre eux n'étaient pas même en ville lors du tumulte, que plusieurs se sont repentis de ce qu'ils avaient avancé, que d'autres ont été induits par menaces; que d'autres enfin n'étaient que des servantes. » En effet, un de ces témoins avoua ensuite qu'ils avaient été endoctrinés par les jésuites.

« Mais, ajouta-t-il, l'excommunication que le Saint-Père fulmine tous les ans à Rome, contre les hérétiques, tranquilise entièrement nos consciences. »

On savait que les souverains protestans étaient indignés de ce jugement. Le roi de Suède écrivit à Louis XV, le 26 janvier, « que pour une légère dispute, excitée et fomentée par les écoliers des jésuites, à tel point que ni l'autorité du magistrat, ni à peine la présence des troupes n'a pu en arrêter les suites, sans néanmoins qu'on puisse dire qu'aucuns ayent souffert de dommage considérable, que pour un tel sujet tant d'honorables citoyens soient livrés à de cruels supplices; que les droits spirituels et temporels de toute une ville, soient entièrement violés, voila ce que nous regardons comme une injustice execrable, d'autant plus criante qu'elle a été commise sous une apparence de piété, et qu'il est évident que cette cruelle sentence n'a été rendue que par la haine que l'on porte aux *évangéliques*. Il n'appartient qu'à Dieu seul de commander anx consciences : elles ne peuvent ni ne doivent être contraintes par aucunes puissances de la terre.

Les cours d'Angleterre, de Danemarck, de Prusse et de Russie jugèrent cette affaire une infraction au traité d'Oliva, et elles adressèrent au roi Auguste des menaces d'hostilités contre la république. Ainsi, les Anglais ; en 1815, ont proposé de venger les protestans du Midi de la

France. Le primat convoqua le sénat. « Il semble, dit-il, qu'on a oublié que nous sommes une nation libre, indépendante. Les menaces n'ont jamais effrayé les Polonais : ils espèrent que Dieu ne les abandonnera pas. » Le sénat résolut d'augmenter l'armée de plusieurs régimens, et il ordonna au général Robinski de se porter du côté de Dantzick, avec six régimens, pour surveiller un corps prussien qui s'avançait vers cette frontière.

Cependant les jésuites avaient supprimé plusieurs pièces du procès, principalement la supplique de la ville de Thorn et la requête des condamnés. Mais on ne pouvait plus désirer que la cassation de l'attroce décret : c'était aussi la principale satisfaction que demandaient les puissances étrangères. Conduit par cette fatale opiniâtreté du pouvoir, qui, plutôt que d'avouer une grande erreur, en assume sur lui la responsabilité terrible, Frédéric Auguste répondit que « les condamnés, avaient été des rebelles, des criminels de lèze-majesté. »

Tandis que l'Europe indignée appréhendait que la paix ne fut troublée, la ville de Thorn payait 40,000 florins pour les dépenses de la commission qui était restée treize jours dans ses murs, et 22,000 florins pour réparations des dommages causés au collége des jésuites, qui avaient exigé jusqu'à 35,000 florins. La population luthérienne était contrainte de transférer ses écoles dans les villages voisins de la ville ; un de ses temples était donné aux Bernardins : le bourreau brûlait les écrits de ses pasteurs proscrits ; tout livre sortant de l'imprimerie de la ville, devait être revu par les censeurs diocésains : le culte catholique était le seul protégé. Mais la ville de Thorn déplorait moins la perte de ses priviléges que le supplice des condamnés.

Les jésuites, craignant que leurs victimes ne leur échapassent, avaient fait hâter l'exécution. C'était au 15 décembre 1724 qu'elle avait été fixée par la commission qui, le 6, avait confirmé le décret assessorial. Mais dès le 7, à une heure du matin, la cavalerie entra dans la ville : quatre heures après, à la clarté des flambeaux, le président Reusner eut la tête tranchée dans la cour de l'ancienne maison de ville. Le corps de ce vieillard, âgé de 65 ans, resta exposé jusqu'à 10 heures, pour satisfaire, dit la relation allemande, la vengeance de la noblesse et du clergé. « Contentez-vous, avait-il répondu aux jésuites qui l'engageaient à changer de religion, contentez-vous d'avoir mon corps ; pour mon âme, elle est à Dieu. » Un seul des condamnés embrassa le catholicisme. Les neuf autres furent décapités le même jour et sur la grande place. Cinq des sept bourgeois eurent le poing coupé, et leurs corps furent brûlés hors de la ville, sous les fourches patibulaires : on accorda la sépulture aux quatre autres. Un d'eux avait déclaré, après avoir com-

munié, que jamais, durant toute sa vie, il n'était
entré daus le collége des jésuites. « Cependant
avant de l'écarteler, raconte un jésuite, on lui
arracha et on lui battit le visage avec ce dont il
s'était servi à commettre des infamies sur l'image
de la Vierge. » Cette exécution attroce était à
peine terminée, lorsque les Bernardins, accom-
pagnés des Carmes, consacrèrent leur nouvelle
église et y chantèrent un *te deum.* (1)

« La Pologne démembrée a cessé d'être une nation. L'oubli protège les membres du tribunal
assessorial, et de la commission exécutive ; le temps
a emporté les noms du chancelier de la couronne,
du maréchal de la diète, du primat : ceux des sénateurs et nonces ecclésiastiques qui coopérèrent
à l'infâme décret ne sont plus connus. L'histoire
nous montre seul, sans ministres, sans généraux,
sans directeurs de conscience, mais avec les dix
victimes, Frédéric Auguste II.

Ce roi est lui-même une victime. Il éprouva
durant son règne toutes les vissicitudes de la
fortune : dépossédé d'un trône qu'il avait acheté,

____

(1) Lett. hist. 1724 et 1723. — Journ. hist. 1725. —
Mercure, *id.* — Rulhière, hist. de Pologne, t. 1, etc. —
Le 30 août 1721, une troupe de vagabonds des deux sexes
convaincus d'avoir volé des vases, dans une église de Li-
sieux, et d'avoir tué le curé et son valet, furent rompus vifs
au nombre de onze ; quatre femmes qui avaient caché les
hosties dans son sein, eurent le poing coupé, les mamelles
arrachées et furent brûlées vives.

il y signala son retour par une amnistie générale.
Mais despote, il sacrifia les suppliciés de Thorn,
à sa politique, surtout aux intérêts des jésuites.
Cette société infâme commit sur ce monarque,
non un attentat qui aurait tranché six années de
sa vie; mais le plus terrible des régicides et que
doivent redouter les rois qui, protecteurs des jésuites, sont condamnés, comme Frédéric Auguste,
à vivre dans l'histoire.

FIN.

PARIS. — IMPRIMERIE DE L. BOUCHARD,
rue des Petites-Ecuries, n° 47

www.ingramcontent.com/pod-product-compliance
Ingram Content Group UK Ltd.
Pitfield, Milton Keynes, MK11 3LW, UK
UKHW020941120726
13693UKWH00004B/1457